Made in the USA
Monee, IL
07 December 2022

20111945R00070